Etienne Pflücke, Thomas Grimme

Flexibilisierung, Individualisierung und Variabilisierung im Kontext reflexiver Modernisierung

GRIN Verlag

Bibliografische Information der Deutschen Nationalbibliothek:

Die Deutsche Bibliothek verzeichnet diese Publikation in der Deutschen National-
bibliografie; detaillierte bibliografische Daten sind im Internet über http://dnb.d-
nb.de/ abrufbar.

Impressum:

Copyright © 2008 GRIN Verlag GmbH
Druck und Bindung: Books on Demand GmbH, Norderstedt Germany
ISBN: 978-3-640-16791-3

Dieses Buch bei GRIN:

http://www.grin.com/de/e-book/115189/flexibilisierung-individualisierung-und-
variabilisierung-im-kontext-reflexiver

GRIN - Your knowledge has value

Der GRIN Verlag publiziert seit 1998 wissenschaftliche Arbeiten von Studenten, Hochschullehrern und anderen Akademikern als eBook und gedrucktes Buch. Die Verlagswebsite www.grin.com ist die ideale Plattform zur Veröffentlichung von Hausarbeiten, Abschlussarbeiten, wissenschaftlichen Aufsätzen, Dissertationen und Fachbüchern.

Besuchen Sie uns im Internet:

http://www.grin.com/

http://www.facebook.com/grincom

http://www.twitter.com/grin_com

Kurzreferat im Fachgebiet Personalmanagement

Flexibilisierung, Individualisierung und Variabilisierung im Kontext reflexiver Modernisierung

<u>vorgelegt von:</u>

cand. paed. Thomas Grimme;

cand. paed. Etienne Pflücke;

Hamburg, 05.03.2008

Gliederung

1. Einleitung

Die reflexive Modernisierung entspricht gleichfalls einer „zweiten Moderne" nach der Industrialisierung im 19. Jahrhundert. Um die Mitarbeiter zu motivieren wird die Arbeit zunehmend sinn- und kulturstiftend gestaltet. Diese Entwicklung ist eine Folge der fehlenden gesellschaftstheoretischen Reflexion in der Nachkriegszeit des zweiten Weltkrieges. Die Betrachtung erfolgte aus einer stark einseitig idealistischen Perspektive (Don't-look-back-Strategie). Im Zuge dessen stellten die Unternehmungen einen Fachkräftemangel fest, welcher durch Wirtschaftsmodellversuche[1] kompensiert wurde (vgl. Sloane 2004, S. 581).

„Education seemed the key to both greater tolerance and greater social involvement" (Putnam 2000, S. 18). Die Relevanz der betrieblichen Bildung wurde erkannt und thematisiert, was zu einer Modernisierungsdebatte in den 1990er Jahren führte. Inhalte der Debatte waren die Individualisierung und Flexibilisierung der Bildung[2]. Demnach entwickelte sich die Bildung und somit die Betriebspädagogik zu einem zentralen Element der Personal- und Organisationsentwicklung, wobei „lerntheoretische Überlegungen in den Mittelpunkt betriebspädagogischer Reflexion [gerückt werden]" (Sloane 2004, S. 583). Im Fokus dessen findet sich die Flexibilisierung und Individualisierung, das heißt im übergeordneten Sinne die Variabilisierung. Die Mitarbeiter müssen in der Lage sein, ihre eigene Tätigkeit analysieren, bewerten und reflektieren zu können.[3] Diese Tätigkeiten werden von allen Angestellten in reziproken Dependenzverhältnissen vollzogen. Summa summarum ergibt dies die berufliche Handlungskompetenz, bestehend aus der Fachkompetenz, der Personalkompetenz und der Sozialkompetenz (vgl. KomNetz 2006, S. 26). Robert D. Putnam fasst die Notwendigkeit der sozialen Komponente treffend zusammen: „[...] social capital – are 'key enables' of innovation, mutual learning, and productivity growth, as important as physical and human capital, particularly in rapidly evolving fields" (Putnam 2000, S. 325).

---

[1] Diese Versuche gingen mit der Entwicklung einer Berufs- und Wirtschaftspädagogik einher. Der Einsatz innovativer Strategien wurde erprobt und evaluiert. Durch die wissenschaftliche Begleitung der Modellversuche gelang es, personelle Expertisen zu generieren (vgl. Sloane 2004, S. 582f.). Dadurch bedingt entstand eine Verwissenschaftlichung des Arbeitsprozesses (vgl. Kleemann 2003, S. 64).

[2] Die Planung dessen wurde durch das jeweilige Unternehmen, speziell die Personalabteilung, geleitet.

[3] Der Mitarbeiter wird somit zum „[...] >>reflexiven citizen<< der die Ungewißheit [sic] der enttraditionalen [sic] Ordnung biographisch-politisch bewältigen muss" (Beck 1996, S. 313).

Neben der Reflexion des individuellen Arbeitsprozesses ist es relevant, die damit verbundenen Veränderungen[4] in der Gesellschaft zu erkennen und zu assoziieren. Es wird grob zwischen drei Kategorien differenziert:

- Nahfolgen[5]
- Spätfolgen[6]
- nicht absehbare und daher nicht kalkulierbare Folgen[7].

Der Rückbezug der Folgen auf die Gesellschaft bildet die reflexive Modernisierung. Entscheidend ist in diesem Zusammenhang die Wahrnehmung durch die Mehrheit der Gesellschaftsmitglieder. Der Reflexionsprozess bis zum Erkennen der Folgen zieht sich über einen längeren Zeitraum hin, wobei ein Beginn nicht klar definierbar ist. Im nächsten Schritt erkennt die Gesellschaft Handlungsbedarf, um den Modernisierungsfolgen entgegenzuwirken. Die Komplexität ergibt sich, da zum Zeitpunkt des Erkennens der Nahfolgen die Basis für die Spätfolgen bereits angelegt ist. Es resultiert ein unaufhaltsamer Kreislauf.

2. Die Theorie der reflexiven Modernisierung

Die reflexive Modernisierung erstreckt sich in zwei Dimensionen, einerseits dem personellen Bereich und andererseits dem Bereich der auftretenden Nebenfolgen. Letztere lassen sich wiederum in Technische und Soziale unterscheiden. „Im Mittelpunkt [des personellen Bereiches; Anm. d. Verf.] steht dabei u. a. die Flexibilisierung und Variabilisierung beruflicher Bildung" (Sloane 2004, S. 583).

2.1 Der personelle Sektor

Im personellen Sektor charakterisieren die Variabilisierung sowie deren Unterkategorien, die Individualisierung und die Flexibilisierung, die Folgen einer reflexiven Modernisierung.[8] Die Nutzung der flexiblen Anteile liegt einerseits auf der Seite der Unternehmen, was durch die Arbeitszeitflexibilisierung oder Gewinnbeteiligung (Tantieme) umgesetzt wird. Andererseits profitieren die Angestellten von der Flexibilisierung, exemplarisch durch die Möglichkeit einer Teilzeitstelle für eine Mutter. Bei einer depressiven Wirtschaftssituation

---

[4] Thematisiert werden in diesem Zusammenhang lediglich die negativen Folgen der Modernisierung, da diesen gezielt entgegengewirkt werden muss.
[5] Exemplarisch steht hier die Umweltverschmutzung durch Chemikalien oder der Russpartikelausstoß.
[6] Die durch Schadstoffausstöße entstanden Klimaveränderungen stehen beispielhaft für langfristige Folgen der Modernisierung.
[7] Das Ausmaß der Klimaveränderungen konnte nicht vorhergesagt werden, weshalb dieses Beispiel hier gleichfalls zutrifft. Auch sind Konsequenzen von einsetzenden Folgenwirkungen nicht absehbar.
[8] Diese Kennzeichen stehen für eine zeitgemäße, strategische Karriereplanung.

oder individuellen Vorfällen kann die Schädigung beim Arbeitnehmer oder langfristig auch beim Unternehmen liegen.[9]

2.2 Die Nebenfolgen

Jede Innovation bringt die Gesellschaft voran, exemplarisch im Sinne einer ökonomischeren Gestaltung der Arbeitsabläufe, Erleichterung der Handlungsschritte und vielem mehr. Mit den Vorteilen von Neuerungen sind gleichzeitig negative Effekte, die Nebenfolgen, verbunden.

2.2.1 Technische Nebenfolgen

Im Sektor der auftretenden Nebenfolgen, speziell der Technischen, zeigen sich Wirkungen der Modernisierung bei den einzelnen Gesellschaftsmitgliedern.[10] Einzelne Individuen nehmen diese Auswirkungen wahr, deren diesbezügliche Ansichten aber durch einen starken Lobbyismus unterdrückt werden. Die Profitorientierung der Wirtschaftsunternehmen steigt, parallel werden Folgenwirkungen, die durch eine individuelle wie unternehmensbezogene, reflexive Handlungsweise langfristig vorausschaubar wären, wenig beachtet.

2.2.2 Soziale Nebenfolgen

Der Teilbereich der sozialen Nebenfolgen äußert sich in innovativen Arbeitsformen, wie zum Beispiel dem Kleingruppenkonzept. Die umgangssprachlichen „Trittbrettfahrer" nehmen zu, da die Einzelleistungen teilweise im Nachhinein nicht mehr quantifizierbar sind (vgl. Punkt 3). Aufgrund dessen und aufgrund der verstärkten Abhängigkeit der Gruppenmitglieder untereinander kann es zu Mobbing-Vorfällen kommen.[11]

---

[9] Sofern die Auftragslage es erfordert, wird der Arbeitnehmer zeitweilig beurlaubt. Im Fall eines unvorhersehbaren, individuellen Vorfalls, wie einer plötzlich längerfristigen Krankheit, entfallen dem Mitarbeiter die Tantieme, was in den differenzierten Fällen eine Herabsetzung des Lebensstandards bedeuten kann. Im Fall einer langfristigen Schädigung des Unternehmens kann dies durch den Verlust von Erfahrungsträgern eintreten.

[10] Exemplarisch steht die Verwendung von Schwermetallen in der Ledergerbung (vgl. Microsoft 2005, pass). Feinste Rückstände verursachen allergische Reaktionen oder Hautkrankheiten bei den Nutzern. Dieses Faktum der Überempfindlichkeit lässt sich gleichfalls auf die Lebensmittel- und Bekleidungsbranche analogisieren.

[11] Bezüglich der technischen und sozialen Nebenfolgen wird es heutzutage zunehmend gefordert, mehrere Schritte zu kombinieren, das heißt die Konsequenzen (Schritt II) der Folgen (Schritt I) bereits beim Verursachen einzukalkulieren. Exemplarisch bedeutet dies, bei der FCKW-Erzeugung nicht nur an die Schädigung des Ozonlochs (Schritt I), sondern zugleich an die damit langfristig in Zusammenhang stehende Erderwärmung (Schritt II) zu denken (vgl. Punkt 2.3).

2.3 Die Selbstkonfrontation

In der Kombination des personellen Sektors mit den erzeugten Nebenfolgen kommt es zur Selbstkonfrontation, in dem die technischen Folgen durch den Menschen erkannt werden. „THE CHALLENGE of studying the evolving social climate is analogous in some respects to the challenge facing meteorologists who measure global warming: we know what kind of evidence we would ideally want from the past, but time's arrow means that that we can't go back to conduct those well designed studies" (Putnam 2000, S. 26).

Einhergehend mit der Selbstkonfrontation existiert die manifeste und die latente Reflexivität[12]. Es entsteht zunehmend eine Kluft zwischen den Folgen der Modernisierung, die wir, im Sinne der Gesellschaft, noch nicht wissen („relatives Nicht-Wissen") und den Konsequenzen, die wir daraus noch nicht ableiten können („absolutes Nicht-Wissen") (vgl. Beck 1996, S. 289). Alles in allem geht es um die Abschätzung der durch die negativen Folgen aktueller Innovationen hervorgerufenen Konsequenzen (vgl. Punkt 2.2).

3. Staat und Markt

Der Staat und der Markt dependieren voneinander.[13] Beide Bereiche können in ihren Aktivitäten mehr oder weniger effektiv sein. Im Fall des Staatsversagens fehlen mangelnde Anreize zum ökonomischen Handeln. Zahler und Nutzer einer Leistung differieren zunehmend, so dass eine ständige Qualitätskontrolle nicht mehr gewährleistet werden kann. In Fällen des staatlichen Angebotsmonopols, exemplarisch staatlicher Verwaltungsstrukturen, tritt der Wettbewerb nur beschränkt auf[14]
(vgl. Moldaschl 2004, S. 16).

Im Fall des Marktversagens[15] kann die Abwälzung der Kosten beziehungsweise Handlungsfolgen einzelner Verursacher auf Dritte oder die Gesellschaft erfolgen (vgl. Punkt 2.2.2). Exemplarisch steht hier die Luft- und Wasserverschmutzung aufgrund von

---

[12] Die manifeste Reflexivität erfolgt in dem Fall, wo die Luftverschmutzung durch Ruß erkannt und behoben wird, zum Beispiel durch höhere Schornsteine (lokale Lösung). Zu dem Zeitpunkt, wenn die Spätfolgen des Rußausstoßes, exemplarisch der veränderten Klimawirkungen, erkennbar werden, tritt die latente Reflexivität zu Tage.
[13] Da der Markt sich dynamisch entwickelt, reagiert der Staat, um „indirekt" Einfluss nehmen zu können, zur Lenkung mit Regelungen, Gesetzen oder Verordnungen.
[14] Unter anderem treten durch bürokratische Strukturen hohe Kosten bei der Entscheidungsfindung auf.
[15] Ein Marktversagen tritt immer dann auf, wenn das Koordinationsproblem einzelner Märkte untereinander nicht gelöst werden kann (vgl. Schauenburg 2004, S. 821).

Chemikalienausstößen der Fabriken (einzelne Verursacher). Die Wirkungen der Verschmutzung lasten auf der gesamten Gesellschaft (negative Externalisierung). Eine gewisse Blindheit der neoliberalen[16] Wirtschaftstheorie zeichnet sich ab, da Folgen, wie im obigen Beispiel skizziert, spät oder gar nicht erkannt werden. Diese Tatsache wird begünstigt, da die entstehenden Kosten beziehungsweise Handlungsfolgen nicht kalkulierbar sind. Der reziproke Prozess zwischen Marktversagen und Staatsversagen wird vollendet durch eine fehlende Markttransparenz und eine unvollständige Rationalität der Akteure[17] (vgl. Moldaschl 2004, S. 17 nach Kapp 1958, S. 10).

3.1 Der Non-Profit-Sektor

Als Reaktion auf das Staats- und Marktversagen evozierte sich der „dritte Sektor", speziell der Non-Profit-Bereich. Die Institutionen innerhalb dessen übernehmen öffentliche Aufgaben und bearbeiten diese unter anderem einfacher und unkomplizierter als die Institutionen des Staates oder des Marktes.[18] Bei der Wahrnehmung ihrer Aufgaben besitzen diese Unternehmen eine größere Flexibilität in der Ablauforganisation. Die Flexibilität wird unter anderem durch die Möglichkeit der Umgehung des öffentlichen Dienstrechts und durch steuerliche Vorteile begünstigt. Kommt es zum Scheitern der Organisationen des dritten Sektors, liegen oft analoge Ursachen zu denen des Staats- und Marktversagens vor (vgl. Moldaschl 2004, S. 19ff.).

Als Exempel für Non-Profit-Organisationen sei das Deutsche Rote Kreuz[19] genannt. Letzteres führt Blutspendenaktionen, Hilfstransporte in Krisenregionen[20] und

---

[16] Der Neoliberalismus setzt im Gegensatz zum Liberalismus staatlich geregelte Wettbewerbsbedingungen voraus. Ziel ist es gleiche Ausgangsbedingungen für alle Beteiligten zu schaffen. Das Gesellschaftswohl wird am besten gefördert, wenn sich die private wirtschaftliche Initiative und das Leistungsprinzip im Rahmen einer marktkonform gestalteten Wirtschafts- und Sozialordnung entfalten können (vgl. Microsoft 2005, pass).
[17] Die Vollkommenheit der Märkte ist eindeutig, da in diesem Fall alle notwendigen Faktoren zu einem effektiven Gleichgewicht vorhanden sind. Das Pendant eines unvollständigen Marktes, das heißt im Ungleichgewicht, kann viele Ausprägungen annehmen (vgl. Schauenburg 2004, S. 823). Dieses Faktum begünstigt die unvollständige Markttransparenz. Markttransparenz kennzeichnet die Überschaubarkeit des gesamten Marktes und seiner Influenzfaktoren, was aktuell nie vollständig geschehen kann. Die Rationalität der Akteure besagt, dass jedes Individuum zu jedem beliebigen Zeitpunkt das für sich günstigste Verhältnis aus Kosten und Nutzen wählt.
[18] Damit ist gemeint, dass die Non-Profit-Organisationen geringere bürokratische Hürden zu überwinden haben und einen erleichterten Zugang zu benötigten Informationen und Ressourcen erhalten.
[19] Es ist an dieser Stelle deutlich zwischen den DRK-Ortsverbänden als eingetragene Vereine (e. V.) und den DRK-Gesellschaften ((g)GmbH) zu differenzieren. Wir beziehen uns mit der Thematik des Non-Profit-Sektor auf erstere.
[20] Wir betrachten an dieser Stelle die gesamte Gesellschaft, wobei die Völker der Krisenregionen inbegriffen sind. Das Wahrnehmen öffentlicher Aufgaben in Bezug auf die westeuropäische Gesellschaft liegt in den

Sanitätsausbildungen durch, unterhält Jugendgruppen, betätigt sich im Katastrophenschutz und vieles mehr. Diese gesamtgesellschaftlichen Aufgaben werden ohne Profit erledigt und tragen zum allgemeinen Wohl der Gesellschaft bei. Als Schlussfolgerung müsste sich das DRK als Reaktion auf Staats- und Marktversagen gegründet haben, was nicht der Fall ist. Jedoch nehmen derartige Wohlfahrtsverbände seit dem Erkennen der Modernisierungsfolgen vermehrt Maßnahmen zu dessen Entgegenwirken wahr (Katastrophenschutz, Hilfstransporte). Die Betätigung als Non-Profit-Organisation erfolgt demnach seit dem Erkennen von Staats- und Marktversagen.

3.2 Öffentlichkeit vs. Privatleben

Im Zuge dieser Entwicklung von Staat, Markt und dem Non-Profit-Sektor ergibt sich die Schere zwischen Öffentlichkeit und Privatleben. Durch den zunehmenden Abbau des Sozialstaates zeichnet sich ein Rückzug der Individuen in das Privatleben ab.[21] Als Ursache hierfür gilt die psychische, institutionelle Verunsicherung. Als Konsequenzen innerhalb der Gesellschaft zeigen sich eine sinkende Wahlbeteiligung[22], ein Bedeutungsverlust sozial-integrativer Institutionen (Kirchen, Gewerksckschaften, etc.) und ein Rückgang des bürgerlichen Engagements[23] (vgl. Moldaschl 2004, S. 26).

4. Subjektivierung von Arbeit

Die verfügbare Technik und die damit in Zusammenhang stehenden Organisationsabläufe gestalten sich zunehmend komplexer[24], was unter anderem auf einen steigenden Stellenwert der Subjektivität[25] zurückführbar ist. Letztere steht im Sinne subjektiver Maßnahmen, welche in modernen Arbeitsprozessen von zunehmender Notwendigkeit sind. „Insofern sind Personen mit jeweils spezifischen Ressourcen bzw. Dispositionen ausgestattet, deren Genese von sozialen Prozessen beeinflusst wird. [...] relevant ist aber nicht die personale Ausstattung als

---

Hilfstransporte begründet, welche der Verringerung des sozialen Gefälles und somit dem Entgegenwirken der Flüchtlingsströme dienen.

[21] Der Abbau des Sozialstaates steht im Sinne der umstrukturierten und zum Teil gekürzten Sozialleistungen. In den letzten Jahren trat eine Welle des Ab- und Umbaus in sozialstaatlichen Leistungen in Kraft. Exemplarisch stehen die Gesundheits- und Krankenversicherungsreform, die Zusammenführung von Arbeitslosen- und Sozialhilfe, die Reform der Rentenversicherung, Veränderungen im Arbeitsrecht (Kündigungsschutz) oder die Einschränkungen der Tarifautonomie (vgl. Bäcker 2003, pass.).

[22] Seit der reflexiven Wahrnehmung der Modernisierungsfolgen ist ein Abfall der Wahlbeteiligung Ende der 1980er Jahre erkennbar. Seitdem unterliegt die Wahlbeteiligung mittelgroßen Schwankungen (vgl. Bundeswahlleiter 2007, pass.)

[23] Exemplarisch steht hier die Übernahme von ehrenamtlichen Diensten für die Gesellschaft.

[24] „Die zunehmende Technisierung und Verwissenschaftlichung des Produktionsprozesses ist eine die gesamte Industrialisierung hindurch bestimmende Entwicklung der Gestaltung von Arbeit" (Kleemann 2003, S. 64).

[25] Subjektivität korrespondiert mit der Individualität.

solche, als vielmehr ihre Funktion, die Person gesellschaftlich zu verorten [...]" (Kleemann 2003, S. 60). Es kommt demnach zu einer Verselbstständigung der Individuen (vgl. Moldaschl 2004, S. 26). Letztere erhalten mehr Kompetenzen und übernehmen gleichzeitig mehr Verantwortung. Die eigenständige Bearbeitung eines komplexen Auftrages erfordert verantwortungsbewusstes und vorausschauendes Denken.[26] Im Zusammenhang des Anwachsens der individuellen Verantwortung verbreitet sich die Meinung einer individuellen Persönlichkeitsentwicklung im Rahmen betrieblicher Aus- und Weiterbildung, so „[...] dass in der Wissens- und Informationsgesellschaft Lernen nicht nur Vorbereitung auf Arbeit sei, sondern dass Lernen [...] selbst zum Arbeitsgegenstand geworden ist. Notwendig wird ein Konzept der Berufsbildung als neue Allgemeinbildung" (Sloane 2004, S. 583).[27] Die Wissens- und Informationsgesellschaft ist eine Folgereaktion der Modernisierung.

Mit der Verselbstständigung geht eine begrenzte Steuerbarkeit sozialer Systeme einher. „Je stärker die Interaktion zwischen den institutionellen Dimensionen durch die >>reflexive Aneignung von Wissen<< dominiert wird, umso unkontrollierbarer werden die globalen Verflechtungen innerhalb einer Welt [...]" (Beck 1996, S. 292). Die Individuen erhalten breitere Handlungsspielräume, wonach das Gesamtsystem komplexer und undurchsichtiger wird. Eine Folge dessen ist das zunehmende Hinterfragen bestehender Institutionen (vgl. Moldaschl 2004, S. 26), wonach letztere einem steigendem Legitimitätsdruck ausgesetzt sind.[28] Im Zuge der Subjektivierung steigen die Anforderungen bezüglich der Qualität und Quantität in der Produktionsarbeit.

Parallel wandelt sich das Verhältnis von Arbeit und Leben[29], der Geschlechter und der gesellschaftlichen Werte. Es ist unklar, ob Subjektivität selbst ein unaufhörlicher Prozess ist oder nur eine Übergangsphase impliziert. In Bezug auf die reflexive Modernisierung nimmt zum einen jedes Gesellschaftsmitglied den Wandel aus seiner subjektiven Perspektive wahr.

---

[26] Die Abschätzung der Nah- und Spätfolgen als auch die Kalkulation der Konsequenzen der Folgen sind inbegriffen (vgl. Punkt 2.2.2). Der Erwerb einer umfassenden beruflichen Handlungskompetenz ist Voraussetzung (vgl. Punkt 1).

[27] Damit assoziierend steht der Wandel der Anreizsysteme. Eine Möglichkeit impliziert die Gewährung eines Fixlohns und leistungsabhängiger Bestandteile (vgl. Frey 2004, S. 21ff.). Problematisch erweist sich die Quantifizierung bei Teamarbeiten (vgl. Punkt 2.2.2). Generell ist die Wirkung monetärer Anreize eher kurzfristig, weshalb die Unternehmensführung zunehmend auf intrinsische Anreizfaktoren setzt. Nach der Annahme, dass das Lernen als Arbeit gewertet wird, gestalten sich die Anreiz- und Vergütungsproblematiken erschwerend, da die Messung des Lernpensums in Abhängigkeit der individuellen Möglichkeiten nicht direkt und objektiv durchführbar ist.

[28] Die Bereiche des staatlichen Angebotsmonopols stehen speziell in diesem Fokus (vgl. Punkt 3).

[29] Die Erwartung mehr Arbeitszeit einzubringen, als vertraglich geregelt steht beispielhaft. Ein weiterer Aspekt ist die Flexibilisierung der Arbeitszeiten (vgl. Punkt 2.1). Die zeitliche Abgrenzung zwischen Arbeit und Leben ist nicht mehr strikt zu treffen.

„Veränderte betriebliche Strukturen erhöhen den funktionalen Bedarf der **Betriebe** [Herv. d. Verf.] [benötigte Ressource; Anm. d. Verf.] nach subjektiven Leistungen [...] **Individuen** [Herv. d. Verf.] betreiben dagegen eine Subjektivierung der Arbeit, wenn sie verstärkt subjektive Ansprüche [erwünschte Ressource; Anm. d. Verf.] an die Arbeit herantragen" (Kleemann 2003, S. 62). Zum Anderen wird die Subjektivierung der Arbeitsprozesse reflexiv durch die Gesellschaft wahrgenommen.

Die Subjektivierung von Arbeit bringt wiederum Folgeprobleme mit sich.[30] Letztere sind nicht mit herkömmlichen Maßnahmen lösbar, da die Wirkungen individueller Arbeitskraft nur noch schwerlich kategorisiert werden können. Zum Beispiel können nicht alle gesellschaftlichen Risiken durch Versicherungen abgedeckt werden, denn die Risiken werden gleichsam spezieller und individueller.

---

[30] Exemplarisch steht die Komplexitätssteigerung der Gesellschaft als soziales System, wonach letzteres in seiner dynamischen Entwicklung schwerer einzuschätzen ist.

5. Literatur- und Quellenangabe

Bäcker, G. 2003: Sozialstaat im Abbau – Sozialpolitik im Zeichen der Agenda 2010. Online im Internet: AVL: URL: http://www.isw-linz.at/media/files/3_2003/LF_baecker_3_03. pdf, Stand: 03/2003, Abruf: 28.02.2008.

Beck, U. 1996: Wissen oder Nicht-Wissen? Zwei Perspektiven >>reflexiver Modernisierung<<. In: Beck, U./Giddens, A./Lash, S. 1996: Reflexive Modernisierung. Eine Kontroverse, Frankfurt/M., suhrkamp Verlag, S. 289 – 315.

Bundeswahlleiter 2007: Ergebnisse der Bundestagswahlen seit 1949 nach Ländern. Online im Internet: AVL: URL: http://www.bundeswahlleiter.de/wahlen/ergebl.htm, Stand: 24.09.2007; Abruf: 01.03.08, 14:00 Uhr.

Frey, B. S./Benz, M. 2004: Anreizsysteme, ökonomische und verhaltenswissenschaftliche Dimension. In: Schreyögg, G./Werder, A. v. (Hg.) 2004: Handwörterbuch der Unternehmensführung und Organisation. 4., völl. neu bearb. Aufl. Unter Mitarbeit von zahlreichen Experten und Fachgelehrten aus Wissenschaft und Praxis, Stuttgart, Schäffer-Poeschel Verlag.

Kleemann, F./Matuschek, I./Voß, G. G. 2003: Subjektivierung von Arbeit. Ein Überblick zum Stand der Diskussion. In: Moldaschl, M./Voß, G. G. (Hg.) 2003: Subjektivierung von Arbeit. 2., überarb. u. erw. Aufl., München/Mering, Rainer Hampp Verlag. (Moldaschl, M. (Hg.): Arbeit, Innovation und Nachhaltigkeit. Bd. 2).

KomNetz (Hg.) 2006: Glossar. Eine Handlungshilfe mit zentralen Begriffen für die betriebliche Bildungsarbeit, für das Bildungsmanagement, für Bildungsfachleute, aus der Perspektive der Arbeitnehmerorientierung, Hamburg, Manuskriptdruck.

Microsoft 2005: Encarta Enzyklopädie Professional DVD.

Moldaschl, M. 2004: Marktversagen, Staatsversagen und funktionaler Dilettantismus. Thesen der Modernisierungsdebatte. In: Moldaschl, M./Hinz, A./Wex, T. (Hg.) 2004: Reorganisation im Non-Profit-Sektor. Modernisierungsstrategien am Beispiel hochschulbezogener Dienstleistungen, München/Mering, Rainer Hampp Verlag. (Moldaschl, M. (Hg.): Arbeit, Innovation und Nachhaltigkeit. Bd. 4).

Putnam, R. D. 2000: Bowling alone. The collapse and revival of American community, New York, Simon & Schuster.

Schauenburg, B. 2004: Marktversagen und Organisationsversagen. In: Schreyögg, G./Werder, A. v. (Hg.) 2004: Handwörterbuch der Unternehmensführung und Organisation. 4., völl. neu bearb. Aufl. Unter Mitarbeit von zahlreichen Experten und Fachgelehrten aus Wissenschaft und Praxis, Stuttgart, Schäffer-Poeschel Verlag.

Sloane, P. F. E. 2004: Betriebspädagogik. In: Gaugler, E./Oechsler, W. A./Weber, W. (Hg.) 2004: Handwörterbuch des Personalwesens. 3., überarb. u. erg. Aufl. Unter Mitarbeit von zahlreichen Fachgelehrten und Experten aus Wissenschaft und Praxis, Stuttgart, Schäffer Poeschel Verlag, S. 574 – 585.